Wie Licht in der Nacht

Wie Licht in der Nacht

Elementarisierung biblischer Texte für Menschen mit und ohne Behinderung

Herausgegeben von der Arbeitsstelle Pastoral für Menschen mit Behinderung der Deutschen Bischofskonferenz

Verfasst von Christoph Beuers, Karl-Hermann Büsch und Jochen Straub

Verlag Butzon & Bercker Kevelaer

Bibliografische Information Der Deutschen Bibliothek

Die Deutsche Bibliothek verzeichnet diese Publikation in der Deutschen Nationalbibliografie; detaillierte bibliografische Daten sind im Internet über http://dnb.ddb.de abrufbar.

e verlags gruppe engagement

Das Gesamtprogramm von Butzon & Bercker finden Sie im Internet unter www.bube.de

ISBN 3-7666-0542-9

2. Auflage 2004

Umschlaggestaltung: Christoph Kemkes, Geldern
Satz: Elisabeth von der Heiden, Geldern
Druck und Bindearbeiten: Benatzky Druck & Medien, Hannover

Vorwort

Das Jahr der Bibel ist gleichzeitig auch das Europäische Jahr der Menschen mit Behinderungen 2003. Die Arbeitsstelle „Pastoral für Menschen mit Behinderung“ der Deutschen Bischofskonferenz möchte mit diesem Buch auf die spirituelle Kraft von Menschen mit geistiger Behinderung aufmerksam machen. Gleichzeitig ehrt sie mit dem Werk „Wie Licht in der Nacht“ Herrn Prälat Prof. D. Dr. Franz Kaspar als Mitbegründer einer sonderpädagogisch orientierten Religionspädagogik.

Das Buchprojekt kam zustande durch die Kooperation der Arbeitsstelle, mit dem Fachreferenten der Behindertenseelsorge im Erzbistum Köln, Herrn Pfarrer Karl-Hermann Büsch, dem Leiter des Referates Seelsorge für Menschen mit Behinderung im Bistum Limburg, Herrn Jochen Straub, und mit dem St. Vincenzstift Aulhausen, vertreten durch die Künstlerinnen und Künstler und Herrn Dr. Christoph Beuers. Es orientiert sich an der von Herrn Prälat Prof. D. Dr. Franz Kaspar bereits 1974 für die Religionspädagogik behinderter Menschen entwickelte Maxime: „Die religiöse Unterweisung Behinderter dient nicht primär der Einführung in eine Religion, sondern sie hat die Religion dem Behinderten für dessen Lebensbewältigung dienstbar zu machen. Da es in der Erziehung um die Befähigung zur sinnvollen Lebensgestaltung und Lebensbewältigung des Menschen geht, ist der ‚Gegenstand‘ der religiösen Unterweisung das gesamte Leben. Die ‚religiösen Stoffe‘ dienen der Sinngebung dieses Lebens als Hilfe zur Lebens bewältigung“ (Franz Kaspar (Hg.), Religionsunterricht an Sonderschulen. Konzeptionen und Modelle für die Praxis, J. Pfeiffer Verlag, München 1974, S. 10).

Das Engagement von Herrn Prälat Kaspar in der bundesdeutschen und internationalen Behindertenhilfe zeigt, wie ernst es ihm mit der Maxime einer sonderpädagogisch verorteten Religionspädagogik war und wie sehr ihm daran lag, Grenzen zwischen behinderten und nicht behinderten Menschen zu überwinden. Diesem Anliegen sieht sich auch die neu strukturierte Arbeitsstelle „Pastoral für Menschen mit Behinderung“ verpflichtet.

Die Verfasser
Christoph Beuers, Karl-Hermann Büsch, Jochen Straub

Für die Arbeitsstelle Pastoral für Menschen mit Behinderung der Deutschen Bischofskonferenz
Pfarrer Dr. Hermann-Josef Reuther

Inhalt

Einführung

In dem vorliegenden Buch sollen Elementarisierungen in Text und Bild den Weg zu einer spirituellen Begegnung mit zentralen biblischen Themen ebnen. Zu jedem Bereich finden sich kurze meditative Texte mit aufsteigendem Beanspruchungsniveau. Ihnen gegenübergestellt sind Bilder, die Menschen mit geistiger Behinderung selbst gemalt haben.

A) Zu den Bildern

Die Bilder sind als eigenständige, lebensbezogene Elementarisierungen gedacht und nicht als lediglich bebildernde Illustration. Sie wollen zur Meditation anregen und Menschen zum Austausch über ihre Glaubenserfahrung ermutigen. Die Autoren wissen um die einleuchtende Erkenntnis des Sehens und um die Notwendigkeit, sich in eine „Sehkultur" einzuüben. Denn Bilder können die Glaubensphantasie nicht nur beflügeln, sondern auch festlegen oder einengen. Im Sinne des Elementarisierens „Weniger ist mehr" geht es hier um eine gezielte Anregung: Die auf das Wesentliche konzentrierten Bilder helfen, sich auf Prozesse einzulassen, die dem Aufbau von Spiritualität dienen: wahrnehmen – sich öffnen – neue Perspektiven wagen – innere und äußere Konzentration finden – sich einlassen können – gemeinsam vor einem Bild stehen, auch wenn eine sprachliche Verständigung nicht möglich erscheint (vgl. Günter Lange, Bilder zum Glauben. Christliche Kunst sehen und verstehen, Kösel, München 2002, S. 42).
Die Bilder können nicht nur für Menschen mit geistiger Behinderung zur Gebetshilfe werden, sondern für alle, die sich auf sie einlassen. Als Bilder von Jesus Christus geben sie Anstoß zur weiteren gedanklichen wie gefühlsmäßigen Durchdringung des eigenen Glaubens. Der Übergang vom Betrachten zum Beten hin ist fließend. Wenn ein Bild unmittelbar die betrachtende Person in ihrer Tiefe berührt, lässt sich dies sicherlich als ein Geschenk des Glaubens betrachten.

B) Zu den Texten

Die Texte wollen der unmittelbaren Auffassungsweise von Menschen mit geistiger Behinderung entsprechen und an ihre eigene Sprach-, Vorstellungs- und Glaubenswelt anknüpfen. Die elementare Sprache wird zur Faszination, wenn Großes in einfachen Worten ausgedrückt wird, ohne theologische Inhalte zu verzerren. Das Verweilen der behinderten Menschen im Augenblick wird zum Geschenk an Menschen ohne Behinderung, da sie in ein präsentisches bzw. aktualisierendes Erfassen biblischer Botschaft hineingenommen werden. Der Mensch erfährt auf dem Hintergrund seiner je eigenen Biographie, seiner Entwicklungs- und Erfahrungsmöglichkeiten das Elementare als das Hilfreiche und Erfüllende.

Hier wird deutlich, dass sich Elementarisierung immer am Subjekt orientiert und in Auseinandersetzung mit dem Wesentlichen und Fundamentalen des Glaubens geschieht. Sie ist ein dialogischer Prozess, der den Einzelnen zu einer vertieften Begegnung mit sich selbst und mit Gott führen kann. Das schließt nicht aus, dass der zugrunde liegende biblische Erfahrungsgehalt erst über weitere Zugänge und Eindrücke intensiver erschlossen wird. Dazu dienen die methodischen Anregungen im letzten Teil des Buches.

Verzeichnis der Künstlerinnen und Künstler

Hans Barthelt
Aaron Bender
Ernst Christoph
Elisabeth Eckes
Boris Eufinger
Erika Geyer
Matthias Hildebrandt
Stefan Houda
Peter Juling
Karin Kemmetmüller
Erwin Klatt
Rudi Köhler
Albert Köhn
Gisela Königsfeld
Johanna Lauber
Roswitha Lauer
Walter Lietz
Mischa Moll
Vitoria Pfister
Ferdinand Städtler
Heinz Strack
Christina Vollmer
Henry Walter

Für die Assistenz bei der Gestaltung der Arbeiten sei insbesondere Schwester Reintraud und der verstorbenen Schwester Ventura gedankt.

Jesus wird geboren

Die Geburt Jesu
Lukasevangelium 2,1–20

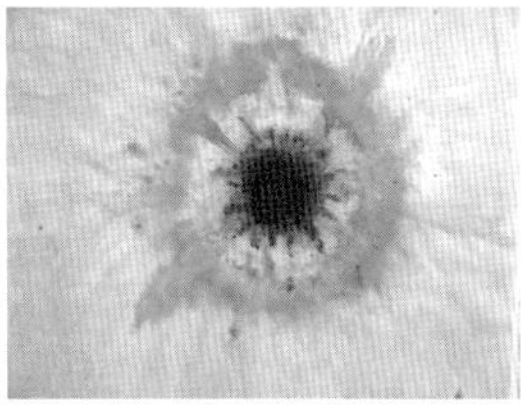

Jesus wendet alles zum Guten

Jesus wird geboren.
Maria und Josef sorgen für ihn.
Sie bekommen Besuch.
Männer kommen.
Sie bewachen Schafe.
Die Männer freuen sich.
Engel sagen ihnen:
Jesus macht alles gut.
Er ist der Heiland und Retter der Welt.

Niemand wird verloren gehen

In einem Stall wird Jesus geboren.
Niemand hat Platz für ihn.
Menschen ohne Haus und Habe kommen zu ihm.
Sie freuen sich.
Engel sagen ihnen:
Jesus ist für sie da.
Niemand wird verloren gehen.

Licht für alle Menschen

Die Huldigung der Sterndeuter
Matthäusevangelium 2,1–12

Von Gott gewollt

Maria und Josef sind ein Paar.
Maria bekommt ein Kind.
Das Kind ist nicht von Josef.
Josef will sich von Maria trennen.
Ein Engel sagt ihm:
Alles wird gut.
Das Kind soll Jesus heißen.
Durch Jesus soll die Welt gut werden.
Gott, der Vater, steht hinter diesem Kind.

Jesus ist für alle da

Männer sehen einen Stern.
Aus fremden Ländern kommen sie.
Der Stern zeigt ihnen den Weg.
Der Stern führt die Männer zu Jesus hin.
Sie bringen ihm Geschenke.
Jesus ist für alle Menschen da.

Jesus geht zu einer, die krank ist

Die Heilung der Schwiegermutter des Petrus
Markusevangelium 1,29–31

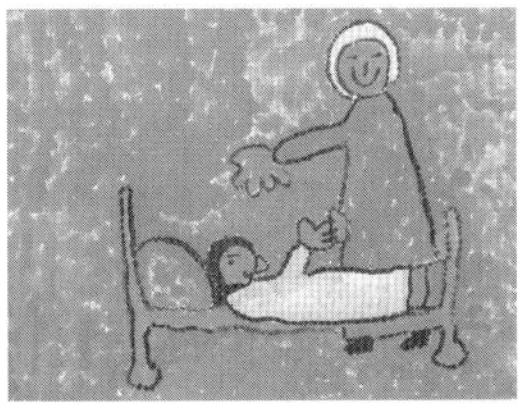

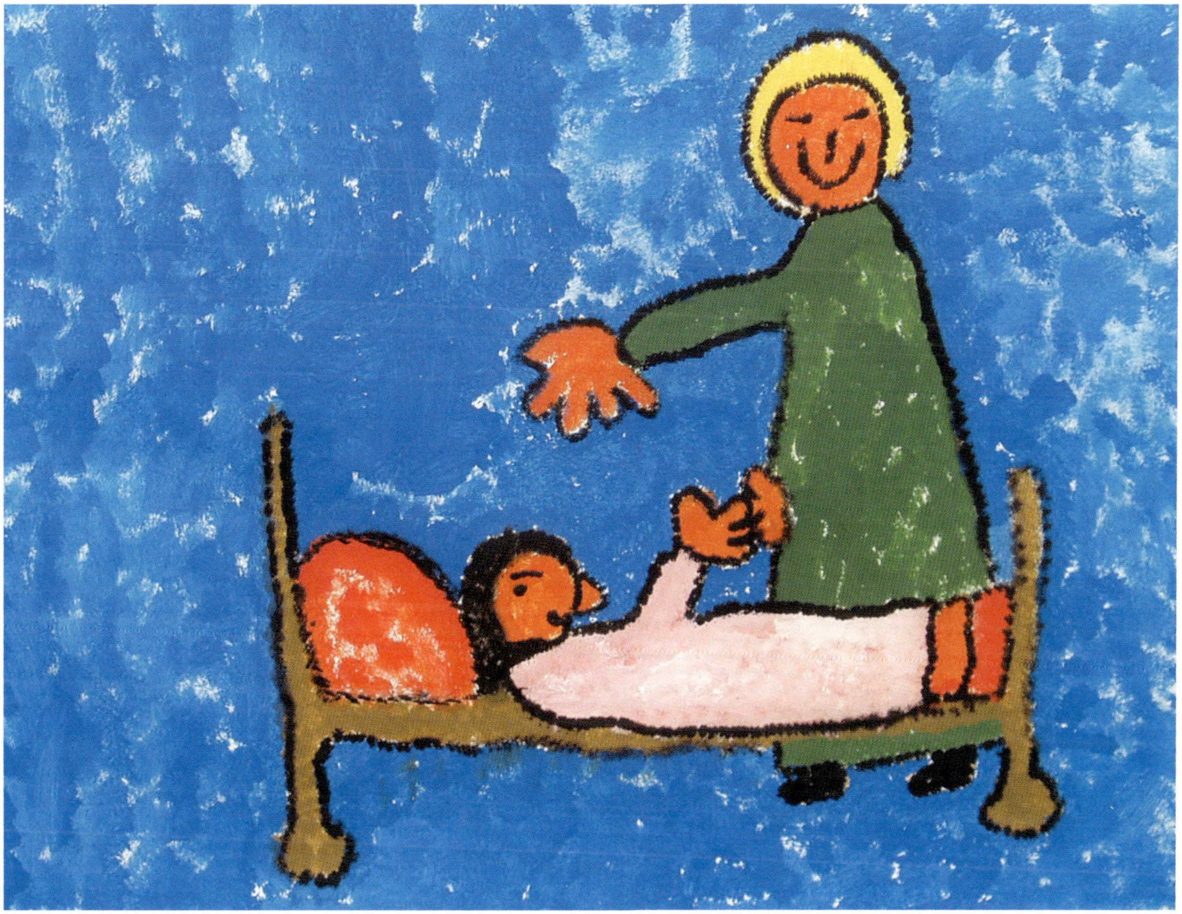

Alles wird gut

Die Schwiegermutter liegt im Bett.
Sie ist krank.
Sie will nicht aufstehen.
Alle reden über sie.
Jesus geht zu ihr hin.
Jesus nimmt ihre Hand.
Alles wird gut.

Aufgerichtet werden

Jesus kommt ins Haus.
Er sieht die Frau des Hauses.
Sie liegt im Bett.
Sie ist krank.
Jesus geht zu ihr hin.
Er beugt sich zu ihr herunter.
Er legt seine Hand auf ihre Stirn.
Er nimmt sie bei der Hand.
Er hält ihre Hand.
Er gibt ihr Kraft.
Er hilft ihr hoch.
Sie steht.

Jetzt kann sie sogar Essen kochen.

Bitte, reich mir deine Hand

Die Heilung eines Aussätzigen
Markusevangelium 1,40–45

Sei mutig – vergiss, was die anderen sagen

Da ist ein Mann.
Er hat eine ansteckende Krankheit.
Alle laufen vor ihm weg.
Alle haben Angst vor ihm.

Der Mann wirft sich Jesus vor die Füße.
Das ist verboten.

Doch Jesus streckt seine Hand nach ihm aus.
Jesus berührt ihn.
Jesus hilft ihm.

Vertraue!

Da ist ein Mann.
Er ist traurig.
Er hat eine gefährliche Krankheit.
Alle laufen vor ihm weg.
Niemand ist für ihn da.

Da sieht er Jesus.
Er vertraut ihm.
Er fragt: „Hilfst du mir?“

Sein Vertrauen wird nicht enttäuscht.
Jesus hilft ihm.

Jesus, Hilfe!

Der Sturm auf dem See
Lukasevangelium 8,22–25

Habt Vertrauen, ich bin bei euch!

Jesus steigt mit seinen Freunden in ein Boot.
Großer Wind kommt auf.
Der Wind bläst kräftig.
Er schaukelt das Boot hin und her.
Wasser spült ins Boot.
Die Freunde haben Angst.

Sie rufen: „Jesus, hilf uns!“

Jesus steht auf. Er beruhigt den Wind.
Jesus sagt: „Habt Vertrauen, ich bin bei euch!“

Jesus ist anders

Jesus will mit seinen Freunden über den See.
Sie steigen in ein Boot. Jesus legt sich hin und schläft.
Plötzlich kommt ein großer Sturm auf.
Der Wind schaukelt das Boot hin und her.
Wellen spülen Wasser ins Boot. Die Freunde haben Angst.
Sie wecken Jesus. „Hilf uns, Jesus, wir ertrinken!“

Jesus steht auf. Er sagt zu dem Sturm: „Sei still!“
Da wird der Sturm still.

Jesus sagt: „Habt keine Angst, ich bin immer bei euch!“
Die Freunde staunen.

Sie sagen zueinander: „Jesus ist ein besonderer Mann.
Jesus kommt von Gott!“

Sorgt euch!

Das Beispiel vom barmherzigen Samariter
Lukasevangelium 10,25–37

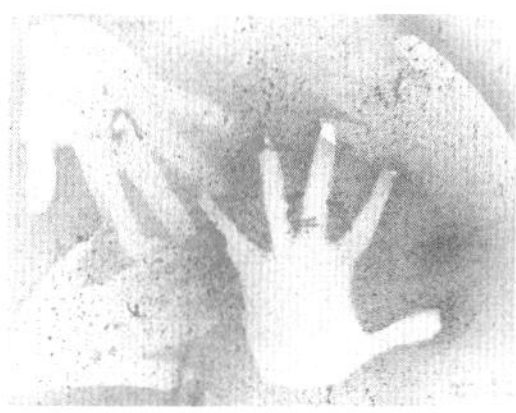

Hilf genauso!

Jesus erzählt von einem Mann.
Der Mann wird von Räubern überfallen.
Schwer verletzt bleibt der Mann liegen.

Viele sehen den Mann.
Er kann nicht aufstehen.
Er ist halb tot.
Aber die Leute helfen nicht.

Ein Fremder kommt und hilft.
Er verbindet den verletzten Mann.
Er bringt ihn in ein sicheres Haus.
Dort soll der Mann gesund werden.
Der Fremde bezahlt für ihn.

Jesus sagt: „So sollt ihr füreinander sorgen."

Karin Erwin
Albert

Das ist mehr als wichtig

Ein Mann fragt Jesus:
„Wie soll ich leben?
Was muss ich tun?
Gott soll sich über mich freuen."

Jesus sagt:
„Habe Gott lieb.
Hilf.
Überfordere dich nicht."

Ausgebreitete Arme

Das Gleichnis vom verlorenen Sohn
Lukasevangelium 15,11–32

Heimkommen – egal wie

Der Vater ist traurig.
Der Sohn will fortgehen.
Der Vater lässt ihn gehen.

Der Sohn geht in die Fremde.
Dort geht es dem Sohn schlecht.
Er will nach Hause zurück.

Der Vater sieht ihn kommen.
Er läuft ihm entgegen.
Der Vater schließt den Sohn in die Arme.
Der Vater feiert mit ihm ein großes Fest.
Der Vater ist sehr froh.

Jesus erzählt diese Geschichte. Jesus will sagen:
„Gott ist wie der Vater in der Geschichte.
Er lässt niemanden allein.
Gott hat jeden Menschen lieb."

So ist Gott

Jesus erzählt eine Geschichte von Gott. Er beginnt:

Ein Sohn macht seinen Vater traurig.
Er will seinen Vater nicht mehr sehen.
Er geht fort.
Der Vater gibt ihm viel Geld mit.
So will ihm der Vater helfen.
Der Sohn soll ein neues Leben beginnen.

Doch alles geht schief.
Der Sohn macht viele Fehler.
Bald geht es dem Sohn schlecht.
Er denkt nach:
„Der Vater hat alles für mich getan.
Ich will zu ihm zurück.
Ich will mich entschuldigen."

Der Sohn geht nach Hause zurück.
Der Vater verzeiht ihm.

Jesus endet hier. Er sagt:
„Gott ist wie dieser Vater. Bei ihm fallen Fehler und Schwächen nicht ins Gewicht."

Jesus geht zu einem, den keiner mag

Jesus im Haus des Zöllners Zachäus
Lukasevangelium 19,1–10

Freundschaft schließen

Zachäus hat keinen Freund.
Niemand mag ihn.
Zachäus ist oft allein.

Jesus kommt in die Stadt.

Zachäus will Jesus sehen.
Zachäus ist klein.
Er klettert auf einen Baum.
Jetzt kann er Jesus sehen.
Jesus ruft ihn:
„Komm vom Baum herunter.
Ich will heute bei dir bleiben."

Jesus und Zachäus werden Freunde.

Sehen, wer Jesus ist

Zachäus ist böse.
Er betrügt die Menschen.
Niemand mag Zachäus.

Jesus kommt in die Stadt.

Zachäus will Jesus sehen.
Zachäus ist klein.
Niemand macht ihm Platz.
Die Leute sind böse auf Zachäus.
Zachäus klettert auf einen Baum.

Jesus sieht Zachäus im Baum.
Er ruft: „Komm herunter! Ich will heute bei dir bleiben."

Zachäus wird froh. Aber die Leute schimpfen.
Zachäus verspricht: „Ich mache alles wieder gut."
So wird Zachäus ein guter Mensch.
Jesus hat ihm dabei geholfen.

Vereint am Tisch

Das Mahl
Markusevangelium 14,17–25

„Tut dies zu meinem Gedächtnis!“

Es ist Abend.
Jesus isst mit seinen Freunden.
Er nimmt Brot.
Er spricht das Dankgebet.
Dann bricht er das Brot.
Er reicht es den Freunden und sagt:
„Nehmt und esst. Das ist mein Leib,
der für euch hingegeben wird.
Tut dies zu meinem Gedächtnis!“

Für Dich!

Dann nimmt Jesus den Kelch.
Er dankt für den Wein im Kelch.
Er reicht den Kelch seinen Freunden.
Sie trinken alle daraus.
Jesus sagt:
„Das ist mein Blut, das für viele vergossen wird.“

KAR

Ich komme zu jedem

Die Fußwaschung
Johannesevangelium 13,1–20

Füreinander da sein

Jesus will, dass die Freunde füreinander da sind.
Jesus setzt ein Zeichen:

Jesus steht vom Mahl auf.
Er gießt Wasser in eine Schüssel.
Erst wäscht Jesus den Freunden die Füße.
Dann trocknet er sie ab.

Jesus sagt:
„Ich habe euch ein Beispiel gegeben.
Handelt so wie ich.“

Die Jünger sehen:
Jeder kann für den anderen da sein.

Niemand ist größer

Jesus steht vom Mahl auf.
Er setzt ein Zeichen:

Er gießt Wasser in eine Schüssel.
Erst wäscht Jesus den Freunden die Füße.
Dann trocknet er sie ab.

Jesus sagt:
„Ich habe euch ein Beispiel gegeben.
Handelt so wie ich.“

Die Freunde erkennen:
Niemand soll sich größer machen.

Vor Kummer erschöpft

Das Gebet am Ölberg
Lukasevangelium 22,39–46

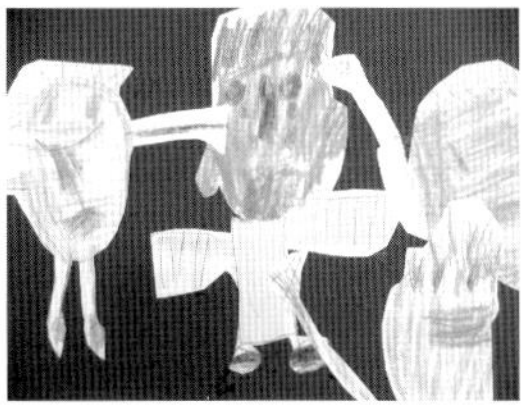

Neue Kraft

Jesus geht in einen Garten.
Seine Freunde bleiben ein wenig zurück.
Jesus will allein sein.
Jesus hat Angst.
Jesus ist müde.
Jesus kann nicht mehr.

Jesus wendet sich an Gott.
Er ruft ihn um Hilfe an.

Gott lässt ihn nicht allein.
Er schenkt ihm neue Kraft.

Überfordert

Jesus kommt zurück.
Die Freunde sind überfordert.

Die Freunde schlafen.

Jesus macht die Freunde wach.
Er sagt:
„Wie könnt ihr schlafen?
Steht auf!
Betet!
Achtet auf euch!“

Zu zweit das Kreuz tragen

Die Kreuzigung und der Tod Jesu
Lukasevangelium 23,26–49

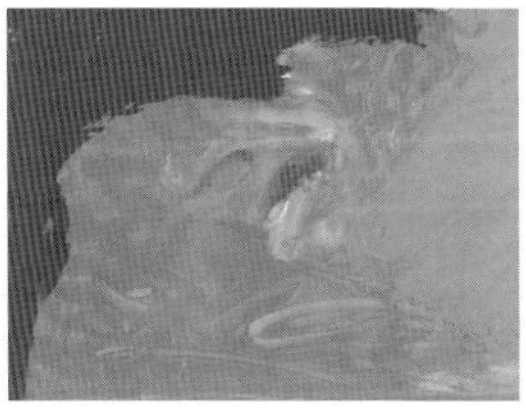

Allein am Kreuz

Jesus hängt am Kreuz.
Jesus hat Angst.
Niemand hält zu ihm.
Jesus betet.
Jesus schreit:
„Mein Gott, mein Gott,
warum hast du mich verlassen?“

Jesus stirbt

Der Himmel wird dunkel.
Jesus stirbt.
Ein Soldat erkennt:
„Es ist wahr,
Jesus ist Gottes Sohn.“

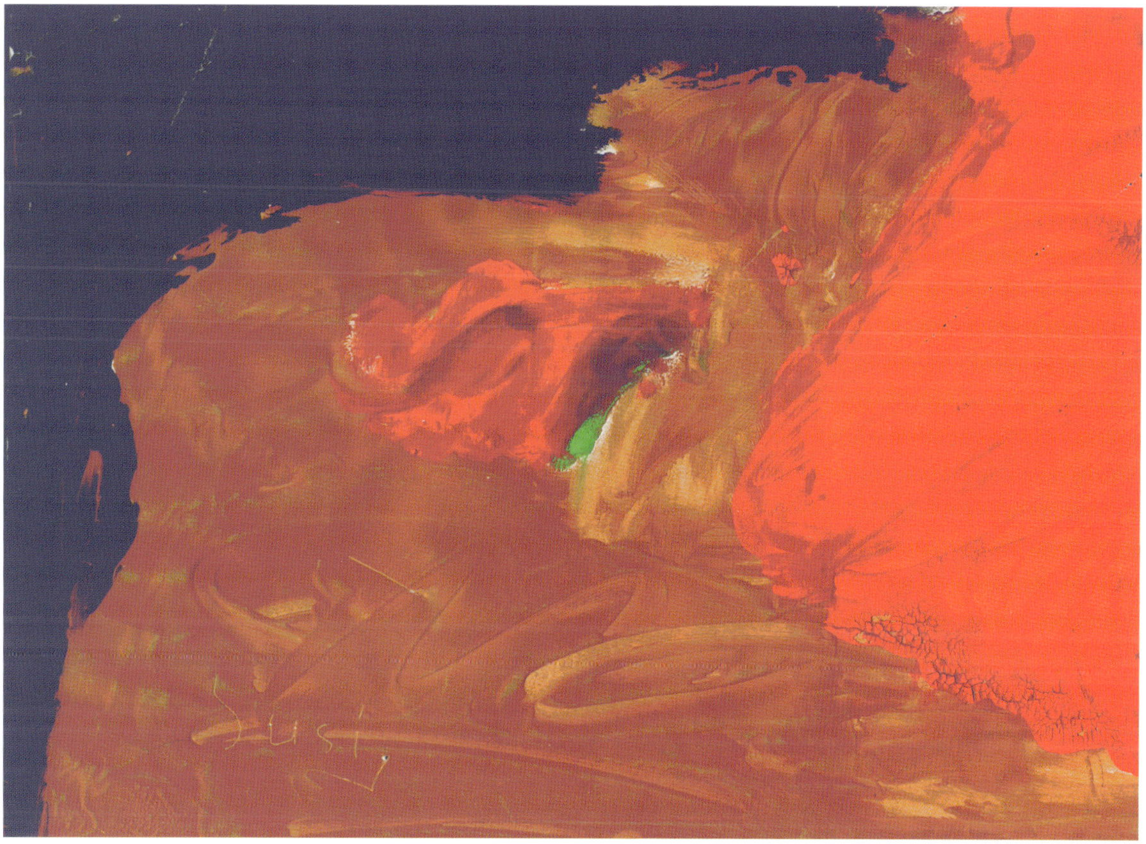

Die Sonne geht auf

Die Botschaft des Engels im leeren Grab
Markusevangelium 16,1–8

Wie erstarrt

Frauen wollen zum Grab von Jesus.
Dort sehen sie einen Engel.
Er sagt zu ihnen:
„Fürchtet euch nicht.
Jesus ist auferstanden.
Er ist nicht hier!
Geht und sagt es seinen Freunden!"

Die Frauen sagen niemandem etwas davon.
Denn sie fürchten sich sehr.

Jesus lebt

Das leere Grab

Die Sonne geht auf.
Ein neuer Tag beginnt.
Frauen wollen das Grab von Jesus besuchen.
Das Grab ist mit einem Stein verschlossen.

Die Frauen überlegen:
„Wie kommen wir ins Grab?
Wer schafft uns den Stein fort?"

Die Frauen kommen zum Grab.
Sie erschrecken.
Der Stein ist fort.
Das Grab ist offen.

Sie sehen einen Engel im Grab. Der Engel sagt zu ihnen:
„Fürchtet euch nicht. Jesus ist auferstanden. Er ist nicht hier!
Seht die Stelle. Dort hat er gelegen.
Geht und sagt es seinen Freunden:
Jesus ist auferstanden!"

Die Frauen sehen: Das Grab ist leer.
Sie können es kaum glauben.

Voller Hoffnung

Die Begegnung mit dem Auferstandenen
auf dem Weg nach Emmaus
Lukasevangelium 24,13–35

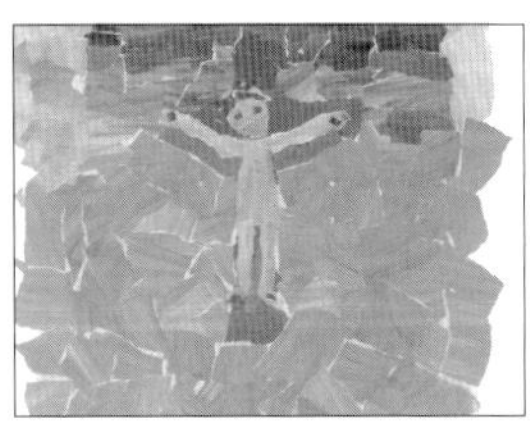

Voller Freude

„Alles ist aus!“
So denken zwei Freunde von Jesus.
Sie sind traurig und enttäuscht.
Sie wollen zurück nach Hause.

Ein Fremder kommt zu ihnen.
Der Fremde hört ihnen zu.
Der Fremde spricht mit ihnen.
Der Fremde tröstet sie.

Sie setzen sich zusammen zu Tisch.
Sie essen miteinander.
Der Fremde nimmt das Brot.
Wie Jesus dankt er für das Brot.
Wie Jesus bricht er das Brot.
Wie Jesus reicht er das Brot den Freunden.

Die Freunde sehen jetzt:
Jesus ist der Fremde.
Sie hatten ihn nicht erkannt.

Die Freunde sind froh.
Jetzt wissen sie: Jesus ist auferstanden.

Ich bin immer bei euch

Die Freunde sehen den auferstandenen Jesus.
Jesus sagt zu den Freunden:
„Seid gewiss:
Ich bin bei euch alle Tage
bis zum Ende der Welt.“

Er hauchte sie an und sprach: „Empfangt den Heiligen Geist."

Das Pfingstereignis
Apostelgeschichte 2,1–13

Neue Kraft: Heiliger Geist

Die Freunde Jesu sind im Haus.
Türen und Fenster sind verschlossen.
Sie haben Angst.

Plötzlich spüren sie:
Es verändert sich etwas.
Sie machen Fenster und Türen auf.
Sie verlassen das Haus.
Sie fühlen sich gestärkt.
Sie haben keine Angst mehr.

Überall sprechen sie von Jesus Christus.
Sie spüren: Jesus schenkt ihnen neue Kraft.

Zusammenwachsen

Von überall her kommen Menschen.
Die Menschen sprechen viele verschiedene Sprachen.
Sie gehen zu den Freunden Jesu.
Die Freunde sind verändert.
Sie sprechen von Jesus in allen Sprachen.
Dabei haben die Freunde Jesu
nie eine fremde Sprache gelernt.
Der Heilige Geist sorgt dafür,
dass die vielen Menschen von Jesus hören.

Viele Menschen tun sich mit den Freunden Jesu zusammen.

Sie lassen sich taufen.
Sie beten miteinander.
Sie brechen das Brot miteinander.
Sie verlassen sich auf Jesus.

Das ist der Geburtstag der Kirche.

Praktische Hinweise

Lk 2,1–20 Die Geburt Jesu

Statt die Geburtsgeschichte ganz vorzulesen, ist es sinnvoll, sich auf das Benennen der darin vorkommenden Personen zu beschränken. Es bietet sich an, eine Krippe aufzubauen, um sich die Figuren und Namen besser aneignen zu können. Auch kann der Versuch gewagt werden, anhand eines Krippenspieles die Bedeutung Jesu elementar auszudrücken: „Niemand soll verloren gehen. Alles wird gut." Dies sollte die Zielsetzung bei der Auswahl von Krippenspielen sein.

Mt 2,1–12 Die Huldigung der Sterndeuter

„Jesus ist für alle Menschen da", so kann man die biblische Geschichte von den Sterndeutern zusammenfassen. Diese Wirklichkeit lässt sich durch Liedersingen oder das Anfertigen einer Collage mit Fotos von Menschen verschiedener Nationen gut erschließen. Auch der Brauch des Sternsingens ist geeignet, diese Bedeutung für Menschen mit geistiger Behinderung zugänglich zu machen: Hier sollte die Verantwortung für andere im Mittelpunkt stehen, um eine einseitige Konzentration auf den Stern zu verhindern.

Mk 1,29–31 Die Heilung der Schwiegermutter des Petrus

Zuwendung und Nähe wirken heilend. Diese Erfahrung können Menschen mit geistiger Behinderung gut teilen. Sie haben die Hoffnung, dass am Ende der Krankheit alles gut wird. Unter dem Schutz einer Hand zur Ruhe kommen, neuen Halt erfahren, wieder zu sich selbst finden, Zeit geschenkt bekommen – das sind Erfahrungen, die helfen, mit Kranksein besser zurechtzukommen. Es sind Gesten, die das Heilsame, das von Jesus ausgeht, erfahrbar werden lassen. Die Hoffnung, „aufgerichtet zu werden", kann mit Hilfe von Körperübungen erlebt und gestärkt werden. Der Text lässt sich auch als Handgeschichte spielen. Alle Zugangsweisen wollen einladen, im Vertrauen auf Jesus die Krankheit zu bestehen.

Mk 1,40–45 Die Heilung eines Aussätzigen

Hautkrankheiten können entstehen, wenn Menschen ihre Wirklichkeit als angstvoll, bedrohlich, abstoßend und krank machend erleben und sie jegliches angenehme Gefühl von Berührung vermissen. „Aussatz“ oder „Ausschlag“ wird zum Symbol für fehlende Anerkennung, für den Schrei nach Nähe und Zärtlichkeit. Eine positive Erfahrung der eigenen Haut durch Berührt- und Gestreicheltwerden kann zum Ansatz werden, die Hoffnung dieses Textes wahrzunehmen. Denn beides führt zum inneren Heilwerden. Manchmal kann es notwendig sein, um diese Berührung zu kämpfen. Die Bitte „Reich mir deine Hand“ kann als lebenstragende Geste erarbeitet werden.

Lk 8,22–25 Der Sturm auf dem See

„Hab keine Angst, ich bin bei dir!“ kann als Grunderfahrung aus diesem biblischen Text ermittelt werden. Menschen mit Behinderung teilen viele Angstsituationen. Jesus bei sich zu wissen, kann hilfreich und ermutigend sein. Wie sehr Jesus im Sturm auf Gott vertraut, ist mindestens genauso wichtig wie seine Macht über Wind und Wetter. Dabei sollte allerdings vermieden werden, von Jesus einseitig das Bild eines übermächtigen Zauberers zu entwickeln.

Lk 10,25–37 Das Beispiel vom barmherzigen Samariter

Die Barmherzigkeit des Samariters ist sprichwörtlich geworden. Sie beinhaltet eine umfassende Sorge um den nächsten hilflosen Menschen. Der Nächste ist der Mensch, den ich am schnellsten erreichen kann und der meine Hilfe nötig hat. Dieses Gleichnis lässt sich gut spielen, als Geschichte der Hände plastisch gestalten oder malen. Viele Spiellieder greifen den Text auf. An Situationen aus dem Alltag kann man die eigene Verantwortlichkeit gut erarbeiten. Die Freude an der Hilfe für den anderen darf dabei besonders betont werden. Denn sie ist unmittelbarer als die Verheißung des ewigen Lebens am „Ende der Zeit“.

Lk 15,11–32 Das Gleichnis vom verlorenen Sohn

Ausgebreitete Arme sind wohl der stärkste Eindruck vom guten Vater. Die Traurigkeit des Vaters und die Freude über die Rückkehr des Sohnes sind Momente, die sich bildhaft gut darstellen lassen. Fotos vom eigenen Vater anzuschauen, sich an gemeinsame Erlebnisse zu erinnern, eigene Stärken und Schwächen wahrzunehmen und zu hören, dass ein

Vater sich um sein Kind kümmert, können Impulse sein, eine positive Vorstellung von Gott zu prägen. Jesus selbst hat immer wieder Gott seinen Vater genannt. Der „Vater im Himmel“ muss aber durchaus unterschieden werden von dem Vater, der sich nicht um sein Kind kümmert bzw. die Familie verlassen hat. Gott sprengt die Vaterrolle in vieler Hinsicht: Er ist zugleich Schöpfer, Schützer und Vermittler von Geborgenheit und Nähe. Die „Umkehr“ des „verlorenen Sohnes“ kann man wortwörtlich nachvollziehen: Die Schritte umlenken, sich umdrehen und zurückgehen, lässt die Erfahrung der „Umkehr“ körperlich spürbar werden.

Lk 19,1–10 Jesus im Haus des Zöllners Zachäus

Der Text von Zachäus ist vielleicht der am meisten verwandte Text im Religionsunterricht und in der Katechese für geistig behinderte Menschen. Die kleine Gestalt des Zachäus weckt Sympathie bei allen, die sich ebenfalls klein fühlen und auf einen „starken“ Freund hoffen. Den Beruf von Zachäus verstehen die wenigsten. Aber sein Betrug wird hautnah spürbar, wenn alle ein Plätzchen oder ein Bonbon abgeben müssen, sooft sie die Klasse betreten wollen. Die Geschichte von Zachäus lässt sich mit Hilfe von selbst angefertigten Stabpuppen oder auf der Flanelltafel gut nachspielen. Eine „Gesichtergeschichte“ kann bei der Vorbereitung der Stabfiguren hilfreich sein. Rolf Krenzers Lied „Zachäus ist ein kleiner Mann“ empfiehlt sich dazu ganz besonders. Im Rollenspiel kann eine Person, die sich ausgeschlossen fühlt, Zachäus darstellen und so den Weg zurück in die Gemeinschaft finden.

Mk 14,17–25 Das Mahl

Bei den Einsetzungsworten stößt die Elementarisierung an Grenzen. Sie könnte sich allenfalls auf den Umgang Jesu mit dem Brot konzentrieren. Hier kommt einem wortwörtlichen Verstehen die Lukasfassung (Lk 22,19) näher als die von Markus oder Matthäus. Beim Umgang mit dem Kelch ist die Markusfassung (Mk 14,23f.) für Menschen mit geistiger Behinderung eher nachvollziehbar. Grundsätzlich ist für sie die Begegnung mit dem gebrochenen Brot am ehesten möglich. Betont werden sollte, dass der Tod Jesu seinem Leben entspricht, das er in der Hingabe für andere gelebt hat. Auch sein Tod für die Menschen ist Hingabe. Die Deutung als Opfer ist demgegenüber schwer zu vermitteln.

Joh 13,1–20 Die Fußwaschung

Die Erzählung von der Fußwaschung stellt Jesus dar als einen, der sich nicht über andere erhebt, sondern Verantwortung für andere übernimmt. Dieses beispielhafte Handeln Jesu ist nur zu verstehen, wenn man weiß, dass die Fußwaschung zu seiner Zeit ein Sklavendienst war. Die rituelle Fußwaschung im Abendmahlsgottesdienst am Gründonnerstag wird nur für wenige Menschen mit geistiger Behinderung wirklich erlebbar sein. Sie kann aber einen eigenen Stellenwert bekommen, wenn das alltägliche Dasein fürcinander im Gespräch erarbeitet und anschließend in Collagen oder Bildern festgehalten wird.

Lk 22,39–46 Das Gebet am Ölberg

Bilder von einem am Boden zerstörten und zu Boden liegenden betenden Jesus versetzen den Betrachter in die damalige Situation hinein. Die Identifikation mit Jesus hilft, eigene Erfahrungen des Verlassenseins zu bewältigen. Menschen mit geistiger Behinderung stellen oft die Frage: Wieso kann der Sohn Gottes so viel Angst haben? Eine alle zufrieden stellende Antwort gibt es sicher nicht. Die Schwierigkeit, die Göttlichkeit und Menschlichkeit Jesu zusammen zu denken, wird hier intensiv wahrgenommen. Mit Hilfe eines Ausmalbildes kann man sich meditativ mit dem Gebet auf dem Ölberg auseinander setzen. Eine Umsetzung als Klanggeschichte macht verstärkt auf die emotionale Dimension dieses Geschehens aufmerksam. Gerade das Bittgebet oder so genannte „Stoßgebet" kann in Verbindung mit dem Beten Jesu neu bedacht und praktiziert werden.

Lk 23,26–49 Die Kreuzigung und der Tod Jesu

Das Gehaltensein von Gott und die Katastrophe des Sterbens lassen sich nicht zur Deckung bringen. Es bietet sich an, Verhaftung und Todesstrafe Jesu mit einem Freund-Feind-Schema zu erklären: Jesus machte sich Feinde. Er zieht mit den „Schwachen und Behinderten" in den Tempel ein. Aber der Zutritt ist diesem Personenkreis verboten. Deswegen wird Jesus verfolgt. Diese Provokation können Menschen mit Behinderung verstehen. Sie wissen aus eigener Erfahrung: Man darf nicht überallhin mitkommen. Der Zorn und die Wut Jesu über die Händler im Tempel macht verständlich, dass immer weniger Menschen zu Jesus halten und er schließlich von allen verlassen am

Kreuz stirbt. Diese Situationen lassen sich mit Hilfe von Bauklötzen unter dem Thema „Einer nach dem anderen kippt um" erarbeiten. Auch ein Stellfiguren- oder Stabpuppenspiel kann dramatisierend den Konflikt Jesu verdeutlichen.

Der Tod Jesu am Kreuz ist für viele Menschen mit geistiger Behinderung nur schwer auszuhalten. Sie stehen diesem Geschehen sprachlos und – beinahe – ohnmächtig gegenüber. Deshalb malen sie oft eine Sonne hinter das Kreuz: „Die soll Jesus gut tun!" Manchmal leiten sie auch einen Sonnenstrahl zum Kreuzesbalken um. Besonders eindrucksvoll ist, wenn eine Leiter an das Kreuz gestellt wird, verbunden mit dem Wort „Der soll da runterkommen!" In einer solchen Ausdrucksweise steckt die Hoffnung: „Der Tod soll nicht das letzte Wort haben!" Die letzten Worte Jesu nach Lukas „Vater, in deine Hände lege ich meinen Geist!" liegen Menschen mit geistiger Behinderung näher als der Verlassenheitsschrei Jesu am Kreuz, der bei Markus überliefert wird. Tod und Auferstehung werden meist als Einheit gesehen.

Mk 16,1–8 Die Botschaft des Engels im leeren Grab

Die unterschiedlichen Reaktionsweisen auf die Auferstehung Jesu reichen vom Erschrecken und Erstarren bis hin zum glaubenden Vertrauen an die Auferstehung. Für Menschen mit Behinderung werden diese Texte erst bedeutsam, wenn sie in eigener Situation von Tod und Trauer zur geborgten Hoffnung werden. Die Auferstehung mündet in die Zusage: „Ich bin immer bei euch!" Das Anfertigen von Stellfiguren kann ähnlich einer Weihnachtskrippe zu einer länger andauernden, immer wieder neuen meditativen Durchdringung des Ostergeschehens werden. Das persönliche Erlebnis des Osterfestes wird schöner, wenn man eine Osterkerze anfertigt, auf der sich die beschriebenen Situationen als Wachsbilder wiederfinden. Besonders ergiebig ist es, die Osterereignisse aus der Sicht des Petrus mit Hilfe von Spielen, Liedern und ausgewählten Textstellen nachzuerleben. Da viele Ostersymbole zu Dekorationsartikeln geworden sind, gilt es, den christlichen Gehalt dieser Symbole neu bewusst zu machen: Ein Osterstrauß mit ausgeschnittenen Kirchenglocken oder aus Fotokarton hergestellten Osterkerzen bzw. Engel und Frauen aus Regenbogenpapier können die Osterereignisse sichtbar werden lassen. Selbst gebackenes Osterbrot und ein gemeinsames Ostermahl sowie eine Osterkerze auf dem Frühstückstisch bekommen dann eine neue Qualität.

Der den Osterereignissen zugrunde liegende Konflikt um das angemessene Gottesbild ist nur bedingt vermittelbar: das Nachempfinden der pharisäischen Position – „Nur wer lesen kann, kann die Gebote und Regeln Gottes befolgen. Nur dieser Mensch wird von Gott geliebt!“ – kann zur existentiellen Herausforderung werden, Gott als den nahen, ohne Vorbedingung liebenden Gott zu entdecken.

Lk 24,13–35 Die Begegnung mit dem Auferstandenen auf dem Weg nach Emmaus

Ausgehend von Wendeerfahrungen von der Erstarrung zur Bewegung, von der Trauer zur Freude, von dem Gefühl des Verlassenseins hin zur wohltuenden Nähe wird die Begegnung mit dem Auferstandenen auf dem Weg nach Emmaus zur Möglichkeit, die Bedeutsamkeit der Auferstehung für die Menschen zu begreifen. Die Veränderung der Emmausjünger lässt sich durch ein gemeinsam angefertigtes Leporello mit entsprechender Farbsymbolik gut verdeutlichen. Freude und Hoffnung für die eigene Lebenssituation kann die Feier eines Kleingruppengottesdienstes vermitteln, bei der das Brotbrechen im Mittelpunkt stehen sollte.

Apg 2,1–13 Das Pfingstereignis

Die Wirkungen des Heiligen Geistes auf die Jünger werden für Außenstehende sichtbar: Aus Angst wird Mut, Unsicherheit wendet sich zur Sicherheit, aus Trostlosigkeit erwächst Zuversicht, aus wenigen werden viele, aus Versprengten entsteht eine starke Gemeinschaft, aus Sprachlosigkeit wird Zeugniskraft, aus Stillstand wird Bewegung. Ein Pfingstbild als Puzzle zusammensetzen, verschlossene und geöffnete Türen erleben und die Gefühle hinter den Türen miteinander vergleichen, sich als Person klein machen und dann aufgerichtet und frei werden, all das sind Möglichkeiten, um sich den Wirkungen des Pfingstereignisses anzunähern. Auch eine Geburtstagsfeier der Kirche lässt sich aufgrund des Pfingstfestes vorbereiten. Taube und Feuer – Symbole der Nähe Gottes – sowie Brausen, Sturm und Wind werden zu Zeichen eines von Gott gesetzten Neubeginns. Die „sieben Gaben des Heiligen Geistes“ weisen auf die individuellen Geistesgaben eines jeden Menschen hin. Das Gleichnis von den Talenten rückt in den Blick: Jeder Christ ist beauftragt, mit seinen persönlichen Fähigkeiten am Gelingen der Gemeinschaft mitzuwirken. Davon sind Menschen mit geistiger Behinderung nicht ausgeschlossen. Ihre Charismen sind häufig im emotionalen Bereich zu finden.